BEI GRIN MACHT SICH IHR WISSEN BEZAHLT

Bibliografische Information der Deutschen Nationalbibliothek:

Die Deutsche Bibliothek verzeichnet diese Publikation in der Deutschen National-bibliografie; detaillierte bibliografische Daten sind im Internet über http://dnb.d-nb.de/ abrufbar.

Impressum:

Copyright © 2013 GRIN Verlag
Druck und Bindung: Books on Demand GmbH, Norderstedt Germany
ISBN: 9783668815070

Dieses Buch bei GRIN:

https://www.grin.com/document/444250

Suman Singh

Die dionysischen Elemente in Nietzsches Gedichten "Dionysos-Dithyramben"

GRIN Verlag

DER ABSTRAKT

Die vorliegende Arbeit beschäftigt sich mit *Dionysos-Dithyramben* von Friedrich W. Nietzsche (1844–1900) und die Auszüge seiner Philosophie, die in den Dithyramben-Gedichten zu finden sind. *Dionysos-Dithyramben* sind Nietzsches letztes Werk. Die neun Gedichte wurden von Nietzsche zwischen 1883 und 1889 als Lieder Zarathustras für *Also sprach Zarathustra IV* verfasst. Sie erschienen schließlich unabhängig unter dem Titel *Dionysos-Dithyramben*. Die Hauptmotive der Dithyramben sind Leben und Tod, Wille zur Macht, der Kampf, Selbstüberwindung, Übermensch, *Amor fati*, Lebensbejahung und Ewigewiederkunft unter anderem.

Ziel der Arbeit ist zwei Gedichte *Letzter Wille* und *Ruhm und Ewigkeit* zu analysieren und die Spuren der dionysischen Elemente in den Dithyramben zu untersuchen. Das erste Kapitel stellt die Einleitung dar, in dem die Begriffe „Dithyramben", „Zyklus" und „Apollinisch-Dionysisch" erklärt werden. In dem zweiten Kaptiel wird die dritte Dithyrambus *Letzter Wille* nach der Struktur analysiert und interpretiert. Der dritte Kapitel stellt die Analyse des achten Dithyrambus *Ruhm und Ewigkeit* dar. Der vierte Kapitel enthält Schluss.

ABSTRACT

The present work deals with *Dionysos-Dithyramben* by Friedrich W. Nietzsche (1844-1900) and the connection of his poetry with his philosophy. *Dionysos-Dithyramben* are Nietzsche's last work. The nine poems were written by Nietzsche between 1883 and 1889 as songs of Zarathustra for *Thus spoke Zarathustra IV*. Nietzsche however finally published them independently under the title of *Dionysos-Dithyramben*. The main motives of Dithyrambs are life and death, will to power, struggle in life, self-overcoming, Overman, *Amor fati*, affirmation of life and the eternal recurrence among others.

The aim of this work is to analyze two poems *Letzter Wille* and *Ruhm und Ewigkeit* and to examine the traces of Dionysian elements in these Dithyrambs. The first chapter is the introduction, which describes the terms "Dithyramb", "Cycle" and "Apollinian-Dionysian". In the second chapter, the third dithyramb *Letzter Wille* is analyzed and interpreted in terms of the structure and the content. The third chapter constitutes the analysis of the eighth dithyramb *Ruhm und Ewigkeit*. The fourth chapter contains the conclusion.

KAPITEL 1

EINLEITUNG

Friedrich Wilhelm Nietzsche (1844–1900) war ein klassischer Philologe von Beruf. Mit der Zeit verfasste er auch literarische Texte. Seine ersten literarischen Versuche waren Gedichte. In *Also sprach Zarathustra* wird das Gedicht „Oh Mensch! Gieb Acht!" in verschiedenen Kontexten erwähnt. Sein letztes literarisches Werk ist ein Gedichtzyklus, den er *Dionysos-Dithyramben* nannte.

1.1 Dionysos-Dithyramben

Dionysos-Dithyramben sind eine Sammlung von neun Gedichten, die in der zyklischen Komposition geschrieben sind. Sie wurden in den ersten zwei Tagen des Jahres 1889 niedergeschrieben. Der *Dithyrambos* ist die Form der antiken Chorlyrik, die später auch als die Gattung der europäischen Lyrik entwickelte. Der *Dithyrambos* der griechischen Antike war eine hymnische und in festen Strophenformen gefasste Anrufung des Gottes ‚Dionysos'. Seit dem 6. Jahrhundert v. Chr. wurden die Kultlieder auf andere Götter und Heroen musikalisch vorgetragen. Später entwickelte sich die antike Gedichtform, die durch Auflösung der strophischen Gliederung und Verselbständigung der musikalischen Komponente gekennzeichnet wird. Nietzsche hat diese antike Form der Dichtung gerne verwendet:

> "The first of the „books" to be published without his editorial corrections was actually a collection of nine poems, entitled *Dionysian Dithyrambs*, which Nietzsche has gathered together during the last few months of 1888. One of them, Last Will (*Letzter Wille*), had originally been composed in 1883 while three others– *Only a Fool! Only a Poet (Nur Narr! Nur Dichter!), Beneath the Daughters of the Desert. The Desert grows: Woe to Him Who Harbors Desert...(Unter Töchtern der Wüste. Die Wüste wächst: weh dem, der Wüsten bringt...) and Ariadne's Lament (Klage der Arinade)*–date from 1885 and had appeared in the privately printed *Zarathustra IV* without the revised endings."[1]

---

[1]. Schaberg, William H: *The Nietzsche canon A publication history and bibliography*, London, Chicago: The University of Chicago Press, 1995, S. 173.

In den Dithyramben Nietzsches herrscht ein intensiv deklamatorisches Pathos vor:

> „Alle Gedichte sind Rollengesänge des >>höheren Menschen.<< in denen das poetische
> Subjekt sich in der >>Masken Vielfältigkeit<< und >>Mehrdeutigkeit<< spiegelt (...)
> Die Sprache der Dionysos-Dithyramben ist am ehesten von der gleichnishaften Redeform des
> Zarathustra her zu erfassen, dessen hermetische Symbolik sich hier noch weiter verdichtet."[2]

Es wird höhe angestrengte Sprache in freirythmischen Reihen und frei geordnete Sequenzen

angewendet. Die Grundformen der Dithyramben varierren stärker in frei rythmischen

Gedichten.

Dithyramben Dichtungen waren zum Anlass der Feier des Dionysos. In den Liedern der

Dithyramben ist der Mensch der Held. Der Held feiert selbst seine ewige Macht, die auch

nach seinem Tod gefeiert wird. Der *Dithyramben* Nietzsches überschreitet die Grenzen des

antiken Dithyrambos-Stils, da der Dithyrambos in der antiken Zeit die festen Strophenformen

hatten.[3] Er ist in der freirythmischen Form geschrieben und trägt höhe Metaphern und Bilder.

> „Die Sprache der Dionysos-Dithyramben ist am ehesten von der gleichnishaften Redeform des
> Zarathustra her zu erfassen, dessen hermetische Symbolik sich hier noch weiter verdichtet.
> Nietzsche bedient sich nahezu ausschließlich >>selbsterworbener Zeichen<<, die auf die
> lyrische Sprache der Folgezeit starke eingewirkt haben."[4]

> „Die neuzeitliche Dithyrambe, in Deutschland fast ausschließlich in der Literatur des 18.
> Jahrhunderts anzutreffen, ist nicht klar zu unterscheiden von verwandten Form der Lyrik. Mit
> der hohen Ode teilt sie die stilistische Kühnheit, mit der Hymne die metrische Freiheit. Beides
> sowie die meist gewahrte thematische Bindung an Bacchus/ Dionysos verbindet sie mit dem
> antiken Dithyrambos, einer nur in Fragmenten überlieferten Form der Chorlyrik, anders als
> der antike Dithyrambos ist jedoch seine gelehrte Wiederaufnahme, die neuzeitliche
> Dithyrambe, nicht zu öffentlichen Aufführung durch einen Chor in kultischem Zusammenberg
> bestimmt."[5]

Die Dithyramben sind von Nietzsche als die Lieder Zarathustras gedacht. Sie sind die

Gesänge, die in ihren zyklischen Positionen unterschiedliche Themen verfassen. Der

Dithyrambus ist je nach den Nummern und eigenen Zusammenhänge geteilt. Die Lieder

Zarathustras wurden später als *Dithyramben des Dionysos* genannt, aber der Name

---

[2] Bompiani, Valentino in *Kindler Literatur Lexikon Werke Chi-Dz*, Bd. III, Zürich, München: Kindler, 1970, S. 2699.
[3] Ebd, S. 2698.
[4] Ebd, S. 2699.
[5] Weimar, Klaus: *Reallexikon der deutschen Literaturwissenschaft*, Berlin, New York: Walter de Gruyter, 1997, S. 382.

Zarathustra kommt in vielen Dithyramben z.B. *Ruhm und Ewigkeit* und *Von der Armut des Reichsten* vor. In *Dionysos-Dithyramben* singt Zarathustra nicht die Gesänge, sondern diese Gesänge werden von dem lyrischen Ich gesungen, der als der Zeuge der Zeit spricht. In der dritten Dithyrambe *Letzter Wille* wird der Tod des Helden gefeiert. Sein Tod dient als eine Inspiration für das lyrische Ich. In der achten Dithyrmabe herrscht eine andere Stimme, die in den weiteren Kapiteln ausführlich behandelt wird.

1.2 Zyklus

Zyklus ist eine Gruppe von Gedichten, Dramen und Erzähltexten, die thematisch aufeinander bezogen sind. Er kann als einen Kreislauf bezeichnet werden, der weder einen Anfang noch eine Ende hat. Zyklus findet man nicht nur in der Literatur, sondern auch in Musik und Malerei. In der deutschen Literatur wird Zyklus als die Sammlung von Gedichten oder Erzählungen gekennzeichnet.

> „...die über eine zufällige oder noch rein äußerlichen Gesichtpunkten zusammengestellte Folge hinaus einen formalen, thematischen und/ oder atmosphärisschen Zusammenhang erkennen lässt"[6]

Im engeren Sinn spricht man von Zyklus nur dann, wenn bestimmte strukturelle Bedingungen erfüllt sind. Die Werke drehen sich um ein Grundmotiv. Am Ende erreicht der Zyklus ein höheres Motiv, der nicht am Anfang zu erhalten war. Der Zyklus hat selbe stilistische Elemente: übergreifende narrative und dialogische Formen, Spielungen, Wiederholungen und Abwandlungen von Motiven und Bildern, Leitworten usw.[7] Hauptsächlich verbindet er sich mit der Lyrik.

Der Begriff *Zyklus* hat seine Herkunft in der grieschichen Mythologie. Er bedeutet Kries, Kreislauf, Ring. Dieser Begriff ist eine geometrische Metapher:

---

[6] Schweikle, Günther/ Schweikle, Irmgard: ‚Zyklus' in *Metzler Lexikon Literatur: Begriffe und Definitionen*, Stuttgart, Weimar: J.B Metzler, 2007, S. 844.
[7] Ebd.

„Diese geometrische Metapher des Kreises schließt ein: a) einen Mittelpunkt des Kreises; b) die gleiche Entfernung aller Punkte auf der Kreislinie von diesem Mittelpunkt, also ihre gleiche Bezogenheit auf ihn; c) daß der bei einem bestimmten Punkt einsetzende Verlauf der Kreislinie zu diesem Punkt wieder zurückführt: daß sich der Kreis also schließt (und abschließt)."[8]

Der Kreislauf hat eine geometrische Struktur, die metaphorisch eine Bedeutung trägt. Die geometrische Metaphorik deutet die Ordnung von Zentrum und allen Elementen hin. Der Anfang soll auf das Ende beziehen. Deswegen wird er als Zyklus genannt. Im Fall von *Dionysos-Dithyramben* kann es gesagt werden, dass bestimmte Motive sich in allen Dithyramben des Zyklus wiederholen. Das Motiv von Schicksal und *Amor fati* zum Beispiel wiederholt sich in den dritten und achten Dithyramben:

„auf seinem Schicksal ein Schicksal stehend,"[9]
„sich ewig nur an der Notwendigkeit.

Schild der Notwendigkeit!
Höchstes Gestirn des Seins!
—das kein Wunsch erreicht,
—das kein Nein befleckt,
ewiges Ja des Seins,
ewig bin ich dein Ja:
denn ich liebe dich, o Ewigkeit!—"[10]

Im Zyklus wird auch das Motiv „Für-sich-sein" hervorgerufen, das heißt, es steht als Subjekt in sich selbst. Der Mittelpunkt des Zyklus hat einen Zusammenhang mit anderen Elementen des Zyklus. Diese Stellungannahme begünstigt die Fragmentarisierung des Bezugs zwischen Elementen:

„'[J]edes echte Kunstwerk' hat darum einen es selbst und insofern auch seine Betrachtung organisierenden Mittelpunkt, ‚einen solchen *Punkt in sich,* wodurch alle seine Teile und ihre Stellungen gegeneinander *notwendig* werden."[11]

Nach Erich Meuthen verwirklicht der Zyklus die Sprachgebärde, die mit dem ästhetischen Problem des Zyklus verknüpft,[12] das heißt, dass der Dichter in dem Mittelpunkt steht und der

---

[8] Braungart, Wolfgang, „Zur Poetik literarischer Zyklen: Mit Anmerkungen zur Lyrik Georg Trakls", In: Károly Csúri (Hrsg.), *Zyklische Kompositionsformen in Georg Trakls Dichtung,* Tübingen: Niemeyer, 1996, S. 2.
[9] Nietzsche, Friedrich: ‚Letzter Wille', in *Götzen-Dämmerung, Ecco Homo, Gedichte,* Bd. 77, Stuttgart: Alfred Kröner Velag, 1954, S. 538.
[10] Nietzsche, Friedrich: ‚Ruhm und Ewigkeit', in ebd., S. 549.
[11] Braungart, Wolfgang, „Zur Poetik literarischer Zyklen: Mit Anmerkungen zur Lyrik Georg Trakls", In: Károly Csúri (Hrsg.), *Zyklische Kompositionsformen in Georg Trakls Dichtung,* Tübingen: Niemeyer, 1996, S. 2.

Zyklus als Körperliches die Sprache Dichters ausdrückt. Der Zyklus hat eine lange

Geschichte und das Phänomen „ästhetischer Zyklen" gibt es schon vor dem 18. Jahrhundert.

Wenn man ein Kunstwerk verstehen will, braucht man die gemeinsame mythische

Kompetenz. Die mythische Geschichte, die man in dem sozialen Kreis gemeinsam teilt, wirkt

gleich wie einen Zyklus.

> „es wiederholt die gemeinschaftliche und Gemeinschaft stiftende mythische Geschichte. So
> wie der mythische Kreis von Geschichten durch den sozialen Kreis hervorgebracht wird und
> wie dieser seine einzelnen Elemente zugleich immer neu begründet"[13]

In dem Zyklus wiederholt sich die mythische Struktur, die mit der ästhetischen Struktur

zusammensetzt. Der Zyklus kann mit der sozialen Ordnung bezogen werden, da bei Kreisen

den sozialen Zusammenhang durch soziale Praxis hergestellt wird, das heißt, ein Gedicht

steht in dem Zyklus nicht allein. Es hat nicht nur ein gewisses Verhältnis mit anderen

Gedichten, sondern auch in eigenen Formen hat sie die zyklische Natur:

> „In Georges „gemeinschaftsbildende[m] Prinzip der cyklischen Form", so marx Kommerell,
> werden die einzelnen Gedichte in einen gegliederten Zusammenhang gebracht. Ernst
> Morwitz' *Kommentare zum Werk Georges* weisen detailliert nach, wie – z.B. durch welche
> (heiligen) Zahlen – die Zyklen gegliedert sind (Zahl der Verse, der Strophen, der Gedichte).
> Der Gedicht-Zyklus *Der siebente Ring* von 1907 trägt den Gedanken des Kreises schon im
> Titel...."[14]

Der Begriff „Zyklus" findet man auch in Musik und Bildendekunst. In dem Musikzyklus

spielt der Grundtext eine wichtige Rolle, da hier das semantische Problem wesentlich ist.[15]

Ein lyrischer Zyklus besteht aus mehreren Gedichten, in denen die Verse und die Strukturen

sich wiederholen. Die Wiederholungen erreichen den semantischen Sinn und dadurch wird

den Sinn erzeugt:

> „Wenn man z.B. an Brentanos berühmtes Gedicht *Der Spinnerin Nachtlied* denkt oder an
> Storms *Hyazinthen,* deren Suggestion in Wiederholungen bis zum abschließenden Kehrvers
> liegt, der die insistierende Wiederholung in sich selbst trägt („immer, immer"; Assonanzen;
> Wiederholung der syntaktischen Struktur: „Ich habe immer... – ich möchte schlafen...): „*Ich
> habe immer, immer dein gedacht; /ich möchte schlafen, aber du mußt tanzen".* Zugleich

---

[12] Ebd, S. 3.
[13] Ebd, S. 4.
[14] Ebd, S. 6.
[15] Ebd, S. 7.

evoziert der vers im Motiv des Tanzes semantisch die kreisende Wiederholung, die er ästhetisch vollzieht."[16]

Der Zyklus von epischen Werken und Dramen ist nicht einfach vorstellbar, da ein einzelner Text ausführlich und detaliert geschrieben ist. Wenn es über Dramen gesprochen wird, folgen sie der Richtung der Progression, die zu einem erkennbaren Abschluß kommt und eine mythische Geschichte gewährleistet.[17] Wie gesagt, der lyrische Zyklus hat einen Mittelpunkt des zentrales Motivs. Joachim Müller legt Wert über die Bezogenheit mit dem zentralen Motiv.[18]

Der Zyklus wirkt wie eine Abfolge der Gedichte. Es wirkt wie eine Figur der Spirale, die der Zyklus auf einer höheren Ebene nimmt.[19] In dem Zyklus gibt es eine gewisse Kohärenz von Einzeltext und Gesamttext, die aus der Verbindung von Motiven und Themen entsteht.[20] Das zyklische Erzählen stellt nicht nur die Abfolge der Erzählungen dar, sondern auch die zyklische Natur des Erzählers.[21] In dem novellistischen Zyklus wird das Perspektiv der biologischen Rhythmen hingwiesen:

> „...Rhythmisierung und Strukturierung des *sozialen* Lebens durch Zyklen, die periodisch wiederkehren und eine regelmäßige Verlaufstruktur haben."[22]

In der zyklischen Komposition ist der Zusammenhag zwischen Einzeltexten wichtig, das heißt, wenn ein Einzeltext mit anderen Text in Opposition zu stehen scheint, sollen die Texte dennoch einen Zusammenhang zeigen. Der Zyklus hat auch eine Verlaufstruktur, die von Ritualen geprägt ist. Das Ritual steht als die Ordnung der Abfolge in dem Zyklus. Es hilft den Anfang mit dem Ende zu beziehen, das unter einem gemeinsamen Thema geschafft wird.[23]

---

[16] Ebd.
[17] Ebd, S. 9.
[18] Ebd.
[19] Ebd.
[20] Ebd, S. 11.
[21] Ebd, S. 14.
[22] Ebd, S. 15.
[23] Ebd, S. 21.

1.3 Apollinisch – Dionysisch

Apollinisch und Dionysisch sind die zwei Kunsttriebe, die nach den griechischen Göttern benannt werden. *Apollon* ist in der griechischen Mythologie der Gott des Lichts, Heilung und Besonnenheit und *Dionysos* ist der Gott des Weines, der Trunkenheit, Furchtbarkeit und Ekstase. Apollinisch ist der Vorstellung der schönen Kunstform z.b der bildende Kunst und Poesie.

> „Aus Nietzsches eigener Sicht ist mit dem Begriff apollinisch verbunden: der Drang zum vollkommeneren Für-sich-sein, zur Individualität, zu Allem, was vereinfacht, heraushebt, stark, deutlich, unzweideutig, typisch macht."[24]

Dionysisch ist das Symbol des kreativen Schaffens, das fließend, unendlich, berauschend und chaotisch ist. Als ein Kunsttrieb erfordert Dionysisch hochzuleben. Dionysos steht für den Willen in der >>ewigen Fülle seiner Lust<<[25], das heißt, das Leben trotz aller Leiden erneut gelebt werden muss. Außer der ästhetischen Anschauung von Apollinisch und Dionysisch steht Dionysisch nach Nietzsche dem Christentum gegenüber, da es das Prinzip von der Lebensbejahung betimmt, was Nietzsche in seinen Werken anhand seines philosophischen Denkens liefert:

> „Um der Vernunft eine neue Gestalt zu geben, vereinigt Nietzsche dieselbe mit dem Prinzip des Dionysischen, indem das philosophische Denken und künstlerische Produktion in Nietzsches späteren, gereifter Charakteristik nur zwei verschiedene Gestalten ein und derselben >>dionysischen Vernunft<< sind."[26]

Der apollinische Traum ist ein psychologisches Phänomen, der die Helle und der schöne Schein darstellt.

> „the beautiful appearance of the worlds of dream, in whose creation every man is a consummate artist, is the precondition of all plastic art, even, as we shall see, of an important half of poetry. We take pleasure in the direct understanding of form, all shapes speaks to us, there is nothing indifferent or superfluous. And yet even in the most intense life of this dream-reality, the sense of its status as *appearance* still shimmers through:…"[27]

---

[24] Ottmann, Hennig: *Nietzsche-Handbuch: Leben, Werk, Wirkung,* Stuttgart, Weimar: J.B Metzler, 2000, S. 188.
[25] Ebd.
[26] Ebd.
[27] Pearson, Keith Ansell/ Large, Duncan: ‚The Birth of Tragedy' in *The Nietzsche Reader*, Oxford, Blackwell Publishing, 2006, S. 43.

Der dionysische Rausch und apollinischer Traum fordern sich gegenseitig heraus und sind von einander abhängig. Der dionysische Rausch verbindet sich mit der unstrukturierten Ordnung, in der der Mensch die Auflösung der Individuation erlebt, ein Moment der Aufhebung. Der apollonische Traum hat mit der Welt der Realität zu tun, das heißt, dass unter der Fläche des „Scheins" es eine andere Realität gibt.

> „the artistically sensitive man responds to the reality of the dream in the same way as the philosopher responds to the reality of existence; he pays close attention and derives pleasure from it: for out of these images he interprets life for himself, in these events he trains himself for life."[28]

Die beiden Kunsttriebe erzeugen die attische Tragödie zusammen. Die attische Tragödie ist ein Stück des Heldenmythos, das in sich geschlossen ist. Sie wird poetisch in einem höheren Stil als das dionysische Fest durchgeführt.[29] Nach Nietzsche stammt die attische Tragödie aus dem 5. Jahrhundert v. Chr. Sie enhält Tragödien wie die von Sophakles und Aischylos, die die Verschmelzung „Apollinisch und Dionysisch" darstellen.[30] Nietzsche's Buch *die Geburt der Tragödie* beansprucht in der Vereinigung beider Kunsttriebe als der Ursprung der Tragödie.

> „>>ebenso dionysische als apollinische Kunstwerk<<, in welchem paradigmatischer Synthese der >>Bruderbund<< zum Ausdruck kommt: die dionysische Bewegung des Überschreitens, Ausholens und reichen Umfassens vereinigt mit dem apollinischen Prinzip des Gestaltens, der Entscheidung für ein profiliertes Weltkonzept."[31]

Nach Pearson:

> „these two very different drives run in parallel with one another, for the most part diverging openly with one another and continually stimulating each other to ever new and more powerful births, in order to perpetuate in themselves the struggle of that opposition only apparently bridged by the shared name of 'art'; (…), they appear coupled with one another and through this coupling at last give birth to a work of art which is as Dionysian as it is Apollonian – Attic tragedy"[32]

---

[28] Ebd.
[29] Pearson, Keith Ansell/ Large, Duncan: ‚The Birth of Tragedy' in *The Nietzsche Reader*, Oxford, Blackwell Publishing, 2006, S. 57.
[30] Ebd, S. 34.
[31] Ottmann, Hennig: *Nietzsche-Handbuch: Leben, Werk, Wirkung*, Stuttgart, Weimar: J.B Metzler, 2000, S. 188.
[32] Pearson, Keith Ansell/ Large, Duncan: ‚The Birth of Tragedy' in *The Nietzsche Reader*, Oxford, Blackwell Publishing, 2006, S. 42.

Nietzsches Konzeption der Tragödie betont Katharsis am Ende für die Zuschauer.[33] Nietzsche beschreibt die Wirkung der Tragödie als „dionysische Erlebnis". Tragödie wirkt nach Nietzsche als die rauschhafte Erlebnis. Er fasst tragische Katharsis als Übergang von dionysischer Trunkenheit in apollinischer Ruhe:

> „Nietzsche zufolge nahm der Zuschauer teil an einem dionysischen Erleben, das eine hauptsächlich durch Musik hervorgebrachte Verwandlung bewirkte, so daß er sich selbst als Teil eines Satyrchors sah und der tiefen Analogie zwischen den Leiden des tragischen Helden auf der Bühne und diejenigen des Gottes Dionysos gewahrt wurde."[34]

Das Apollonische braucht das Dionysische, damit die Phantasie des Dichters entwickeln kann und seine Wissenschaft nicht abstrakt bleibt. Das Dionysische ist mit der Universalität verbunden, indem sie die Extreme umfasst und sie spielt mit der Grenzüberschreitung. Das Apollonische ist mit dem Gegenteil verbunden, das heißt, die eindeutige Ordnung. Diese Motive von Apollonischen und Dionosischen werden in der Dissertation durch Nietzsches Gedichten näher untersucht.

---

[33] Ottmann, Hennig: *Nietzsche-Handbuch: Leben, Werk, Wirkung,* Stuttgart, Weimar: J.B Metzler, 2000, S. 338.
[34] Ebd.

KAPITEL 2

2.1 Letzter Wille (1883)

So sterben,
wie ich ihn einst sterben sah—,
den Freund, der Blitze und Blicke
göttlich in meine dunkle Jugend warf:
—mutwillig und tief,
in der Schlacht ein Tänzer—

unter Kriegern der Heiterste,
unter Siegern der schwerste,
auf seinem Schicksal ein Schicksal stehend,
hart, nachdenklich, vordenklich—:

erzittern darob, *daß* er siegte,
jauchzend darüber, daß er *sterbend* siegte—:

befehlend, indem er starb,
—und er befahl, daß man *vernichte*...

So sterben,
wie ich ihn einst sterben sah:
siegend, *vernichtend*...[35]

Der erste Entwurf von *Letzter Wille* wurde von Nietzsche im Jahr 1883 geschrieben. Er

wurde für *Also sprach Zarathustra III* verfasst. Das Gedicht steht als die dritte Dithyrambe in

dem Gedichtzyklus. Durch seine Stelle in der zyklischen Komposition der *Dionysos-*

Dithyramben verbindet sich das Gedicht *Letzter Wille* poetologisch mit dem Schlußvers des

zweiten Dithyrambus. Das Gedichtzyklus „Dionysos-Dithyramben" ist als Nietzsches letztes

Werk gekennzeichnet.

Das Gedicht besteht aus siebzehn Versen und ist der kürzeste Text des ganzen Zyklus. Es ist

in fünf Strophen zu sechs, vier, zwei, zwei und drei Versen gegliedert. Das Gedicht hat kein

Reimschema und ist nach der Bedeutung in zwei Teilen aufgeteilt. Diese Aufteilung wird

durch einen deutliche inhaltlichen Wendepunkt nach dem zehnten Vers „nachdenklich,

vordenklich:—,, nahegelegt. Gewisse Wörter werden durch kursiv betont. Darüber hinaus hat

---

[35] Nietzsche, Friedrich: ‚Letzter Wille', in *Götzen−Dämmerung, Ecco Homo, Gedichte*, Bd. 77, Stuttgart: Alfred Kröner Velag, 1954, S. 538.

das Gedicht viele Auslassungen, die mit dem Zeichen (Auslassungspunkt) ausgedrückt sind. Diese Auslassungen ‚vernichte...' und ‚vernichtend...' lassen das Gedicht offen, dass der Kampf nicht endet. Das Gedicht enthält einige Versen, die mit dem Geviertstrich beginnen und enden. Anhand des Verses ‚So sterben, wie ich ihn einst sterben sah–' kann man behaupten, dass mit dem Zeichen ‚–' die Frage ‚Wie' sich erhebt. Der Doppelpunkt betont die Aussage ‚göttlich in meine dunkle Jugend warf:', die mit dem Zitat ‚–mutwillig und tief, in der Schlacht ein Tänzer–' gefolgt wird. Das Gedicht ist reich mit verschiedenen Stilmittel wie Wiederholung, Alliteration, Epipher, Ellipse und Enjambment, die die ästhetische Schönheit des Gedichts ausdrücken.

2.2 Inhalt

In dem dritten Dithyrambus geht es um eine Schlacht-Darstellung, in der der Held als Ideal steht. Er ist in dem Schlacht gestorben, aber das lyrische Ich ruft auf, dass der Tod des Heldes nicht vergeblich sein soll. In dem Gedicht *Letzter Wille* wird hauptsächlich über die Kriegs-Metaphorik gesprochen, die den Freund als Held darstellt. *Letzter Wille* ist den Aufruf, dass der Mensch kämpfen soll. Es endet mit der Wiederholung der ersten Aussage ‚So sterben'.

2.3 Interpretation

Das Gedicht beginnt und schließt mit einem Aufruf des lyrischen Ichs, dass man so sterben soll, wie einst ein Freund gestorben ist. Die erste Strophe besteht aus sechs Versen. Merkwürdig an diesem Gedicht ist es, dass es nur eine konstante Verbindung „Wie" ausgeführt ist. Mit dem ersten Vers ‚So sterben' wird die Frage ‚Wie sterben' gestellt und die Antwort findet sich in dem zweiten Vers „wie ich ihn einst sterben sah". Die Verkettung wird weitergeführt und ist auch in den anderen Versen zu sehen. In poetischer Hinsicht beruht das Gedicht auf einem expliziten Vergleich von *So* und *Wie*. Dieser Tod des Freundes dient als

Inspiration für das lyrischen Ich. Der hohe Wert der Freundschaft liegt darin, dass er auf die Freiheit und Gleichberechtigung basiert. Der Freund ermöglicht dem lyrischen Ich ein neues Leben, das die Individualität des Einzelnen gewährt und fördert. Die Beschreibung des Kämpfers als ‚hart, nachdenklich und vordenklich' betont seinen Eigenschaften als einen, der gegen eigenes Schicksal steht. Die Gegenbilder ‚erzitternd' und ‚jauchzend' liegen Wert auf ‚Siegen'. Der Held jauchzt, wenn er sterbend siegt.

Dieser Held, ein Freund von dem lyrischen Ich, kommt „göttlich" vor. Er wirft „Blitze und Blicke" in die Jugend von dem lyrischen Ich. Der Freund erleuchtet „die dunkle Jugend" des lyrischen Ichs mit seiner himmlichen Blitze und lässt ihm ein eigenes Selbst verwirklichen. Das Leben wird metaphorisch mit dem Krieg verglichen und der Kampf ums Dasein ist hochgesetzt, das heißt, dass jeder Kampf existenziell ist. Die Existenz des Heldes ist damit verbunden, wie er gestorben ist.

Der Mensch soll gegen die alltäglichen Dilemmas und Ängste kämpfen. „Blitze und Blicke" sind Symbole der Erleuchtung, aber sie haben mit keiner Erleuchtung des Gottes zu tun, sondern mit dem höchster Wert der Individualethik eines selbstbestimmten Lebens. „mutwillig und tief" charakterisieren den Freund. „Blitze und Blicke" sind die Bezeichnungen von der übermenschlichen Weisheit des Freundes. Der Freund weist auf den Kampf hin, dass der Mensch nicht alles leicht erhalten soll. Dazu wirft der Freund „Blitze und Blicke" in dem dunklen Leben des lyrischen Ich, dass es in dem Kampf des Lebens treten soll.

> „-so allein wächst der Mensch in die Höhe, wo der Blitz ihn trifft und zerbricht: hoch genug für den Blitz!"[36]

---

[36] Nietzsche, Friedrich: *Also sprach Zarathustra Ein Buch für alle und keinen,* Frankfurt a.M.: Insel Taschenbuch, 2007, S. 290.

Der Held wird mit einem Tänzer verglichen, der mutwillig ist und in der Schlacht gefeiert wird. Der Krieg ist der Kern des Lebens. Unter alle Kriegern scheint dieser Held der Heiterste und durch seiner Tod wird seinen hart erkämpften Sieg betont.

Der Held wirft „mutwillig und tief" die Erleuchtung auf das lyrische Ich. Diese Erleuchtung beauftragt dem lyrichen Ich, kämpferisch zu sein. Der Begriff ‚mutwillig' ist die Verbindung von ‚Mut' und ‚willig'. Die Kriegsmetaphorik wird durch bestimmte Wörter (Schlacht, Tänzer, Kriegern, Heiterste, Siegern, schwerste, befehlend, vernichtend) ausgedrückt. Die Wörter werden in dem Gedicht wiederholt. Die Kriegsmetaphorik bezieht sich auf den Kampf des alltäglichen Lebens. Der ‚Freund' in *Letzter Wille* ist schließlich ein ‚Gleichnis'. Lexikalisch ist das Gedicht von einer spezifischen Wortwahl geprägt. Damit wird es bemerkbar, dass das Gedicht aus den gewissen Wörtern (sterben, sah, Freund, Blitze, Blicke, göttlich, dunkle, Jungend, warf, Schlacht, Tänzer, Kriegern, Heiterste, schwerste, Schicksal, hart, nachdenklich, vordenklich, erzitternd, siegte, jauchzend, sterbend, befehlend, befahl, vernichte, siegend, vernichtend) bestimmt.

Die Wortwahl thematisiert die Schlachtszene, indem der Freund die Rolle eines Kämpfers übernimmt und das lyrische Ich steht als der Augenzeuge von dem Tod des Heldes. Neben dem lexikalischen Stil wird in dem Gedicht die grammatische Stilisierung gezeigt, dass es in vielen Versen nur Nomen (z. B in der Schlacht ein Tänzer/ unter Kriegern der Heiterste/ unter Siegern der schwerste) verwendet sind. Die Infinitive und die Verwendung von Partizip Präsens schildern die grammatische Schönheit. So kommt das Substantiv ‚Wille' (im Gegensatz zu den Verbalform von ‚wollen') einzig in der Überschrift dieses Gedichtes vor.

Letzter Wille beginnt mit dem Ausdruck „So sterben, wie ich ihn einst sterben sah" und damit beginnt die Szene des Krieges. Der gleiche Ausdruck stellt die Frage ‚Wer stirbt und wie' und die lyrische Stimme erzählt weiter, wie der Held kämpfte und gegen sein Schicksal stand.

Der Ausdruck wiederholt sich am Ende und die Frage wird beantwortet, dass der Held ‚siegend und vernichtend' starb. Das Wort ‚Sterben' wird in dem Gedicht fünfmal in verschiedenen Formen wiederholt. Betont wird, dass die Existenz des Mensches durch den Kampf bestimmt wird. Die Alliterationen wie ‚Blitze und Blicke' und ‚auf seinem Schicksal ein Schicksal stehend' betonen die Eigenschaften des Heldes. Er hat sein Leben dem Kampf geopfert. Die zwei Verse „erzitternd darob, *daß* er siegte, jauchzend darüber, daß er *sterbend* siegte" ist die Epipher, die die Betonung auf das ‚Siegen' legen.

> „The ambivalence of his portrayal—trembling while at the same time rejoicing—is reminiscent of Zarathustra's anecdote of the dying tightrope walker. The acrobat, mortally wounded when he falls in his symbolic walk between the towers of man and overman, expresses his fear that instead of being victorious, the devil will drag him to hell. When he regrets that his life and death will be no more meaningful than that of an animal, Zarathustra assures him that this is not so, explaining that the man had risked destruction through his own vocation and that this is a noble thing. (…) It is the same with the exemplary friend in 'Letzter Wille', who despite his shuddering (erzitternd) fear can nevertheless be jubilant in his conquest."[37]

In *Letzter Wille* wird die rhetorische Figur ‚Ellipse' in den siebten und achten Versen ‚[der], unter Kriegern der Heiterste [ist], [und] unter Siegern der schwerste [ist]' eingesetzt. Das Enjambement wird in der ersten Strophe des Gedichtes hervorgehoben, das bis den vierten Vers ‚göttlich in meine dunkle Jugend warf:' weitergeführt. Die Wörter „daß, sterbend, vernichte, vernichtend" sind in kursiv geschrieben. Sie betonen nicht nur sich selbst, sondern auch die bezüglichen Wörter.

Mit der Wiederholung des Ausdrucks ‚Tod' wird es deutlich, dass der Held im Krieg gestorben ist. ‚Tiefe' ist ein Symbol für das Rätselhafte, Mysteriöse und schwer Erforschbare, indem es gezeigt wird, dass die Wahrheit von dem lyrischen Ich in der Tiefe versenkt ist. Als das lyrische Ich mit ‚Blitze und Blicke' tief getroffen und betroffen wird, kommt die Wahrheit dem lyrischen Ich zum Vorschein, dass die menschliche Existenz ein Kampf ist. In Verbindung mit der Darstellung von „mutwillig und tief" steht die Selbstbestimmung im Inneren verborgen. Die zwei Wörter Schlacht und Tänzer „in der Schlacht ein Tänzer"

---

[37] Grundlehner, Philip: *The Poetry of Friedrich Nietzsche*, New York u Oxford: Oxford, 1986, S. 256.

widersprechen einander. Die Schlacht ist mit den Tätigkeiten von Gewalt verknüpft. Sie ist mit vielen Vorstellungen und Bildern verbunden, die den Kampf in dem Leben betonen.

Dagegen nimmt der Tanz eine symbolisch bedeutende Rolle ein, da der Tanz Leichtigkeit, Freiheit und Freiheit darstellt. Das Tanzen wird in *Die fröhliche Wissenschaft* als der Zustand der Harmonie hervorgehoben. In *Ecce Homo* spricht Nietzsche über *Die fröhliche Wissenschaft*, in dem eine Einheit von Sänger, Ritter und Freigeist[38] als Tänzer zum Vorschein kommt. Der Tanz ist Symbol für den Übermut, für das Überschwengliche als Antrieb zum Weiter, zum Höher und Ferner, zur Bewegung des Überwindens[39], das heißt, Tanzen kann mit dionysischen Auffassung des Lebes verglichen werden. Der Freund in der Schlacht wird mit einem Tänzer gleichgesetzt.

Die zweite Strophe besteht aus vier Versen, die das Motiv von Krieg und Kampf weiterführen. Der Krieg spielte eine große Rolle in dem antiken Staat. Das antike Staatverhältnis wird in den Nietzschen-Schriften mit dem Ausdruck ‚bellum omnium contra omnes‘ dargestellt[40], das bedeutet, dass der Krieg von allen gegen allen ist. Unter dem antiken Staatverhältnis meint Nietzsche ‚Krieg als Zweck der Kultur‘[41], das von den römischen Kämpfen bis zu den wissenschaftlich motivierten Entdeckungsreisen handelt. Damit wird in dem Gedicht betont, dass der kriegerische Zustand nie überwunden wird, beendet weder den Krieg zwischen den Staaten noch den Existenzkampf der Individuen. Der Freund ist der Held in der Schlacht, der unter allen Kriegern gesiegt hat. Er feiert diesen Sieg und wird als der Heiterste zwischen allen Kriegern dargestellt. In der Tragödie wird aus dem Tod des Heldes der metaphysische Trost geschöpft, dass der Held seine Existenz durch den

---

[38] Nietzsche, Friedrich: ‚Ecce Homo‘ in *Götzen−Dämmerung, Ecco Homo Gedichte*, Stuttgart: Alfred Kröner Verlag, 1954, S. 370.
[39] Ottmann, Hennig: *Nietzsche-Handbuch: Leben, Werk, Wirkung*, Stuttgart, Weimar: J.B Metzler, 2000, S. 336.
[40] Ebd, S. 266.
[41] Ebd, S. 266.

Heldentod rechtfertigt. Damit wird dem Held eine heroische Bejahung des Lebens ermöglicht.

> „Heroismus ist Mut zur Wahrhaftigkeit angesichts der tröstenden Illusionen. Er öffnet den Weg zur Philosophie des Freigeists."[42]

In dem Vers „auf seinem Schicksal ein Schicksal stehend" wird die Idee von *Amor fati* ausgedrückt. In dem *Ecce Homo* erklärt Nietzsche, dass Zarathustras Übermensch die Abhängigkeit vom Schicksal ablehnt. Es steht gegen Schicksal und zerbricht diese Werte, die Religiön gesetzt hat. Nietzsche nennt sich selbst als der erste Immoralist, der die dionysische Natur gehorscht.

> „Will man eine Formel für ein solches Schicksal, da Mensch wird? —Sie steht in meinem Zarathustra.
>
> —Und wer ein Schöpfer sein will im Guten und Bösen, der muß ein Vernichter erst sein und Werte zerbrechen."[43]

Die Vorstellung von Schicksal deutet die Hartnäckigkeit des Heldes hin, dass mit dem Wort ‚hart' hervorgerufen wird, das heißt, dass der Held vor seinem Schicksal nicht aufgeben wird. Der Held in *Letzter Wille* befehlt sein Schicksal, dass er nicht mehr ihn folgen wird.

> „Destiny, as Nietzsche asserts in *Zarathustra* III, is necessity to exercise one's own procreative will in the same way that the 'friend' of 'Letzter Wille' resolutely commands his future: 'O my soul, I took from you all obeying, knee-bending and Lord-saying; I myself gave you the names *cessation of need* and *destiny*'."[44]

Der Sieg, der auf dem Gesicht des Todes gefunden wurde, ist mit dem Begriff *befehlen* verbunden. Der Begriff folgt in der vierten Strophe zusammen: „befehlend, indem er starb,/ - und er befal, daß man vernichte..." Der Mensch, der fähigt ist, seinen kreativen Willen auszuüben, soll die Stärke und den Mut der Selbstbeherrschung manifestieren und stagnierende Werte besiegen. Wenn die Wille nicht stark ist, lässt der Mensch sich von anderen zu beherrschen. Die Wille zur Macht ermutigt den Mensch sich selbst zu

---

[42] Ebd, S. 252.
[43] Nietzsche, Friedrich: *Götzen—Dämmerung, Ecco Homo, Gedichte*, Stuttgart: Alfred Kröner, 1954, S. 400.
[44] Grundlehner, Philip: *The Poetry of Friedrich Nietzsche*, New York u Oxford: Oxford, 1986, S. 257.

beherrschen. Nietzsches Idee von „Befehlung" verweist auf sein philosophischen Konzept „Wille zu Macht", das in der Art und Weise der Selbst-Überwindung vorkommt.

> „Those who comply with present standards represent the common herd mentality: "Whatever lives, obeys". But those who subject themselves to the hardship of battle and change are capable of command, that is, capable of creativity and the will to power."[45]

Diejenigen, die den Normen folgen, stellen der gemeinsame Herdentrieb dar. Aber diejenigen, die gegen den Normen handeln, sind die Immoralisten und sind in der Lage zu befehlen, das heißt, sie sind fähig zur Wille zur Macht. So wird auch in dem Gedicht zum Ausdruck gebracht, dass die Last des Befehlens eine fatale Beschäftigung sein soll, weil seine einzige Befriedigung in Selbstzerstörung zu finden ist. Das Gedicht endet mit der Wiederholung des Aufrufs, dass man so sterben soll, wie der Freund starb. Er starb siegend und vernichtend.

„So sterben" bestimmt sich in der Wiederholung. Der Schluß des Gedichts verdichtet die Paradoxien des „wie ich ihn einst serben sah" im Vergleich zu der Gegenüberstellung von „siegend, vernichtend". Mit den letzten Wörtern wird den Sieg gefeiert. Die Erkenntnis in *Letzter Wille* weist auf die Existenz auf, die aus dem tragischen Weg bestimmt wird. Die letzte Strophe des Gedichts strebt die Leser zu verstehen an, dass die Vernichtung der falschen Werte das einzige und letzte Ziel der Erkenntnis der Wahrheit ist. Für Nietzsche ist der Tod kein Ende des Lebens sondern eine Metapher von der neuen Geburt. Das Leben und der Tod sind schließlich die großen Themen der menschlichen Existenz.

Der Dithyrambus *Letzter Wille* stellt sich als Kriegslied dar.

---

[45] Ebd.

KAPITEL 3

3.1 Ruhm und Ewigkeit (1884)

Wie lange sitzest du schon
    auf deinem Mißgeschick?
Gib acht! du brütest mir noch
      ein Ei,
      ein Basilisken — Ei
aus deinem langen Jammer aus.

Was schleicht Zarathustra entlang dem Berge?—

Mißtrauisch, geschwürig, düster
ein langer Lauerer—
aber plötzlich, ein Blitz,
hell, furchtbar, ein Schlag
gen Himmel aus dem Abgrund:
—dem Berge selber schüttelt sich
das Eingeweide...

Wo Haß und Blitzstrahl
eins ward, ein *Fluch*—
auf den Bergen haust jetzt Zarathustra Zorn,
eine Wetterwolke schleicht er seines Wegs.

Verkrieche sich, wer eine letzte Decke hat!
Ins Bett mit euch, ihr Zärtlinge!
Nun rollen Donner über die Gewölbe,
nun zittert, was Gebälk und Mauer ist,
nun zucken Blitze und schwefelgelbe Wahrheiten—
Zarathustra *flucht*...

II
Diese Münze, mit der
alle Welt bezahlt,
Ruhm—
Mit Handschuhen fasse ich diese Münze an,
mit Ekel trete ich sie *unter* mich.

Wer will bezahlt sein?
Die Käuflichen...
Wer *feil* steht, greift
mit fetten Händen
nach diesem Allerwelts—Blechtklingklang Ruhm!

—*Willst* du sie kaufen?
Sie sind alle käuflich.
Aber biete viel!
klingle mit vollem Beutel!
—du *stärkst* sie sonst,
du stärkst sonst ihre *Tugend*...

Sie sind alle tugendhaft.
Ruhm und Tugend—das reimt sich.

Solange die Welt lebt,
zahlt sie Tugend—Gelapper
mit Ruhm—Geklapper—
die Welt *lebt* von diesem Lärm...

Vor allen Tugendhaften
    will ich schuldig sein,
schuldig heißen mit jeder großen Schuld!
Vor allen Ruhms—Schalltrichten
wird mein Ehrgeiz zum Wurm—,
unter solchen gelüstet's mich,
der *Niedrigste* zu sein...

Diese Münze, mit der
alle Welt bezahlt,
Ruhm—,
mit Hanschuhen fasse ich diese Münze an,
mit Ekel trete ich sie *unter* mich.

III
Still!
Von großen Dingen — ich *sehe* Großes!—
soll man schweigen
oder groß reden!
rede groß, meine entzückte Weisheit!

Ich sehe hinauf—
dort rollen Lichtmeere:
o Nacht, o Schwiegen, o totenstiller Lärm!...
Ich sehe ein Zeichen—,
aus fernsten Fernen
sinkt langsam funkelnd ein Sternbild gegen mich...

IV
Höchstes Gestirn des Seins!
Ewiger Bildwerke Tafel!
Du kommst zu mir?—
Was keiner erschaut hat,
deine stumme Schönheit—
Wie? sie flieht vor meinen Blicken nicht?—

Schild der Notwendigkeit!
Ewiger Bildwerke Tafel!
—aber du weißt es ja:
was alle hassen,
was allein *ich* liebe:
—daß du *ewig* bist!
daß du *notwendig* bist!—
meine Liebe entzündet
sich ewig nur an der Notwendigkeit.

Schild der Notwendigkeit!
Höchstes Gestirn des Seins!
—das kein Wunsch erreicht,
—das kein Nein befleckt,
ewiges Ja des Seins,
ewig bin ich dein Ja:

Das Gedicht „Ruhm und Ewigkeit" wurde im Jahr 1884 geschrieben. Es wurde ein Teil von *Dionysos-Dithyramben* im Jahr 1888 und steht als der achte Dithyrambus in dem Gedichtzyklus. Der achte Dithyrambus handelt von der Suche nach der Wahrheit und bringt das Schicksal zur Diskussion. Es beginnt mit der rhetorischen Frage an sich selbst, wie lange das lyrische Ich auf seinem Mißgeschick sitzen soll. Das Gedicht ruft die Motive von Zarathustras Fluch, Verhältnis von Ruhm und Tugend, Sternbild und Schicksal hervor. Es endet mit der Aussage *„denn ich liebe dich, o Ewigkeit!−"*, die die Bajahung des Lebens betont.

3.2 Interpretation

Die Frage „Wie lange sitzest du schon auf deinem Mißgeschick?" wird von dem lyrischen Ich an sich selbst gestellt. Das lange Sitzen bezieht sich auf das lange Warten, das mit dem Ausdruck „langen Jammer" verbunden wird. Das Basilisken-Ei steht als ein Symbol für ‚Mißgeschick', da in der antiken Mythologie ein Basilisk monströse Gestalt wie ein Mischwesen von Hahn und Schlange hat. Es steht für das Symbol der Ungerechtigkeit, Verleumdung, des Hochmuts, der eitlen Ruhmsucht, Lüge und Bosheit, des Neids, des Todes, der Sünde und des Teufels. Ein Blick des Basilisks ist das relevante Symbol für den Tod bei Antiken:

> „Die Antike kannt den Basilisk als bekrönnte Schlange, deren Blick und Hauch töte. Nur ein Wiesel und der Anblick eines Hahnes können ihm beikommen."[47]

Das lyrische Ich sitzt also metaphorisch auf seinem Mißgeschick. In der ersten Strophe des Gedichtes stehen die Wörter (‚ein Basilisken-Ei', ‚Mißgeschick', ‚lange sitzen', ‚aus dem

---

[46] Nietzsche, Friedrich: ‚Ruhm und Ewigkeit', in *Götzen-Dämmerung, Ecco Homo, Gedichte*, Bd. 77, Stuttgart: Alfred Kröner Velag, 1954, S. 549.
[47] Butzer, Günter u. Jacob, Joachim: *Metzler Lexikon literarischer Symbole*, Stuttgart u Weimar: J.B Metzler, 2008, S. 35.

langen Jammer brüten') als Gleichnis zu einander. Es wird einen gewissen rhetorischen Stil herausgestellt, der ein klares Bild von ‚Warten' gibt. In der zweiten Strophe ist Zarathustra „ein langer Lauerer", der nach seinem langen Warten „mißtrauisch, geschwürig, düster" geworden ist. Dieser Vers steht in Verbindung mit „aber plötzlich, ein Blitz, hell, furchtbar, ein Schlag gen Himmel aus dem Abgrund:". Der Ausdruck ‚plötzlich' betont Zarathustras große Aktion, um die Situation zu ändern. ‚Plötzlich' gerät er in Wut. Dann werden die mehrfachen Aktivitäten durch ‚Blitz', ‚Schlag', ‚Zorn', und ‚Fluch' zum Ausdruck gebracht. Der Zorn wird mit den Worten ‚Blitz' und ‚Schlag' hervorgehoben. Das Kernmotiv ‚Blitz' kommt nicht in der ersten Strophe, aber sie wird in nächsten drei Strophen wiederholt. Der Blitz kommt wie ein Symbol von Erkenntnis, Macht und Revolution vor, das auf den Übermenschen sich bezieht.[48] Die Plötzlichkeit des Blitzes äußert seine Funktion. Zarathustras Zorn kennt keine Grenzen, dass der Berge sich schüttelt. In *Also sprach Zarathustra* tritt Zarathustra wie ein Philosoph ein und lehrt den Übermenschen. Sein Zorn ist mit dem dionysischen Rausch zu vergleichen.

> „Der Begriff Übermensch ist die höchste Realität, die größte Erhöhung des Kraftsbewußtseins. Der Mensch wird wird zum Übermenschen, wenn er als dionysische Realität, d.h. als eine zum Göttlichen hin offene Wirklichkeit, in Erscheinung tritt."[49]

Das Wort ‚Abgrund' deutet auf der Tiefe hin. In der Vorrede zu *Also sprach Zarathustra* sagt Zarathustra zum Volk:

> „*Bleibt der Erde treu* und glaubt denen nicht, welche euch von überirdischen Hoffnungen reden!"[50]

Zarathustra sucht die Wahrheit nicht Jenseits sondern Diesseits. Jenseits wird durch ‚Himmel' symbolisiert.

---

[48] Butzer, Günter u. Jacob, Joachim: *Metzler Lexikon literarischer Symbole*, Stuttgart uWeimar: J.B Metzler, 2008, S. 129.
[49] Ottmann, Hennig: *Nietzsche-Handbuch: Leben, Werk, Wirkung*, Stuttgart u Weimar: J.B Metzler, 2000, S. 342.
[50] Nietzsche, Friedrich: *Also sprach Zarathustra Ein Buch für alle und keinen*, Frankfurt a.M.: Insel Taschenbuch, 2007, S. 14.

„Das Symbol des Himmels als Bild für christliche Jenseitsvorstellung wird v.a. im 19. Und 20. Jh. zunehmend zum Gegenstand der Ableitung oder Umdeutung (...), der Himmel ist dadurch Ausdruck einer höheren geistigen Ordnung. In der Bibel bezeugt der Himmel göttliche Allmacht, er verkündet seinen Schöpfer"[51]

Zarathustra bleibt in dem Gedicht dem Abgrund treu. Damit wird Nietzsches Zorn gegen Christentum dargestellt. Zarathustras Worte sollen gegen Religion gerichtet sein. Anaphorische Wiederholung von dem Wort ‚nun' unterstreicht Nietzsches Zorn und dessen Konzequenzen:

> Nun rollen Donner über die Gewölbe,
> nun zittert, was Gebälk und Mauer ist,
> nun zucken Blitze und schwefelgelbe Wahrheiten—[52]

Die dritte und vierte Strophen thematisieren die Zerstörung, die Zarathustras Zorn verursacht. In dem Gedicht ist der ‚Fluch' Zarathustras mit dem dionysischen Rausch zu vergleichen. In der letzen Strophe fordert das lyrische Ich ironisch die feigen Menschen heraus. Die Schwachen und die Mutlosen sollen sich unter einer Decke mit anderen verstecken. Das lyrische Ich nennt diese Menschen zornig „Zärtlinge", da sie nicht den Mut haben, die Vernichtung der alten Werte zu sehen. Die alte Wahrheit ist „schwefelgelb" geworden. Die Menschen brauchen eine neue Wahrheit, die Nietzsche ihnen beibringen will. Dieser Teil des Gedichts schließt mit den Motiven von ‚Fluch', ‚Donner', ‚Zittern', ‚Blitze', die wieder auf dem Zorn Zarathustras verweisen.

In den ersten drei Strophen von dem zweiten Teil wird der geschäftliche Austausch zwischen Ruhm und Menschen betont und wird mit den Wörtern wie ‚Münze', ‚bezahlt', ‚Käuflichen', ‚kaufen', ‚bieten', ‚Beutel' angedeutet. Dieser Teil des Gedichtes betont, dass der Ruhm wie eine Münze ist, mit der die Welt bezahlt. Die Münze gilt als Symbol des Leblosen und Kalten. Als Symbol weisen die Münzen auf den Mythos von König Midas hin, der vom

---

[51] Butzer, Günter u. Jacob, Joachim: *Metzler Lexikon literarischer Symbole*, Stuttgart uWeimar: J.B Metzler, 2008, S. 156.

[52] Nietzsche, Friedrich: ‚Ruhm und Ewigkeit', in *Götzen–Dämmerung, Ecco Homo, Gedichte*, Bd. 77, Stuttgart: Alfred Kröner Velag, 1954, S. 549.

Dionysos die Fähigkeit erpresst, alles in Gold zu verwandeln, was er berührt.[53] Das lyrische Ich fasst diese Münze ekelhaft mit den Handschuhen an und tritt sie mit Füßen. Diejenigen, die gekauft werden können, wollen mit dieser Münze bezahlt sein. Die Verkäuflichen greifen mit ihren vollen Händen den Ruhm, der in der ganzen Welt wie „Blechtklingklang" lautet. Der Ruhm ist käuflich und dazu muss man alles gleich wie „vollem Beuten"anbieten. Wenn nicht viel angeboten wird, wird damit die Tugend des Ruhmes stärken.

Der inhaltliche Wendepunkt wird ab der dritten Strophe ausgedrückt, in der das lyrische Ich über ‚Tugend' spricht. Die Wörter wie ‚*Ruhm*', ‚*unter*', , ‚*Wer*', ‚*feil*', ‚*Willst*', ‚*stärkst*', ‚*Tugend*', ‚*lebt*', ‚*Niedrigste*' sind kursiv geschrieben und damit wird der Akzent auf den Wörtern gelegt. Diese Wörter sind auf einander bezogen und stehen als Fragen und Antworten gegeneinander. Diese Wörter tragen die inhaltliche Erklärung und hauptsächlich den Kern des Gedichtes, z.B in der ersten Strophe wird ‚*Ruhm*' mit der ‚Münze' gleichgesetzt. Der ‚*Ruhm*' ist in der Welt wie Münze verbreitet. Das Wort ‚*unter*' betont, dass in dem Leben von dem lyrischen Ich die Münze bzw. der Ruhm keinen Wert hat. ‚*Ruhm*' ist mit der ‚Münze' gleichgesetzt. Die Verse „mit Ekel trete ich sie *unter* mich" und „unter solchen gelüstet's mich, der *Niedrigste* zu sein..." betonen dies unmittelbar und zugleich ironisch. Es kommen in dem Gedicht gewisse Wörter (‚Allerwelts-Blechtklingklang', ‚klingle', ‚reimt', ‚Tugend-Gelapper', ‚Ruhm-Geklapper', ‚Lärm', ‚Ruhms-Schalltrichen') vor, die die Musikalität des Gedichts hervorheben. Die Wiederholung von den Wörtern (‚Münze', ‚Welt', ‚bezahlen', ‚Ruhm', ‚kaufen', ‚käuflich', ‚Ekel', ‚stärken', ‚Tugend', ‚lebt' und ‚schuldig') stellt die szenischen Motiven des Gedichtes dar. Jeder Mensch bezahlt mit Ruhm. Die szenischen und dialogischen Elemente legen Wert darauf, dass es gleich wie *Letzter Wille* in diesem Gedicht außer dem lyrischen Ich keinen Zeuge gibt. Das lyrische Ich

---

[53]Butzer, Günter u. Jacob, Joachim: *Metzler Lexikon literarischer Symbole*, Stuttgart uWeimar: J.B Metzler, 2008, S. 238.

steht als der Augenzeuge der ganzen Szene. In dem ersten Teil des Gedichtes spricht das lyrische Ich nur einmal „du brütest mir noch" von sich. Sonst redet es über Zarathustra, das bedeutet, dass Zarathustra in diesem Teil mit dem lyrischen Ich gleichgesetzt wird. Ironisch wird gesagt, dass Ruhm nur eine Moral ist. Die Moral erweist sich die „Immoralität" der Moral für Nietzsche, da „alles das moralisch gelobt ist, wesensgleich mit allem Unmoralischen ist"[54]. Die Moralisten brauchen die Einstellung der Tugend, Sobald sie diese Haltung verlieren, tritt ihre Immoralität ein.

> „Die Entstehung der Moral verrät einen >>Immoralismus der That<<, die Moralisten haben die >>Attitüde der Tugend nötig<<, da anderenfalls mit dem Verlust der >>Herrrschaft über die Tugend<< ihre Immoralität sofort ins Licht trete."[55]

Der Ruhm reimt sich mit der Tugend und die Welt lebt von dem Lärm, der aus dem Austausch von Tugend und Ruhm erschafft wird. Die Welt führt gerne das Geschäft und sie zählt „Tugend-Geplapper" mit „Ruhm-Geklapper". Das lyrische Ich hält einen deutlichen Abstand von Ruhm und Tugend. Ihm ist die geringene Existenz als ein Wurm besser als das tugendhafte Leben. Die Wortwahl (‚Ekel', , Lärm', ‚Schuld', ‚Wurm', *Niedrigste*') weist auf den Zorn hin. ‚Tugend-Gelapper', ‚Ruhm-Geklapper' bauen mit Assonanz und Endreim die lyrische Musikalität in der vierten Strophe auf, aber dann wird es mit ‚Lärm' verglichen. Für Nietzsche hat Musik eine ästhetische Bedeutung, da Musik das Dionysische darstellt. Die Spuren der Musik lassen sich in den philosophischen Gedanken Nietzsches ihre Spuren:

> „Nietzsche verspürte ein Verlangen nach Substanz in der Musik; sie sollte nicht zur Tafel- oder Tischmusik degeneriren, sondern unmittelbar auf die Sinne wirken und ein Erreignis des Leibes sein."[56]

Nach Nietzsche:

> „>>Hat man es bemerkt, dass die Musik den Geist frei macht? Dem Gedanken Flügel gibt? dass man umso mehr Philosoph wird, je mehr man Musiker wird?<< (WA, Nr.1, KSA 6, 14)."[57]

---

[54] Ottmann, Hennig: *Nietzsche-Handbuch: Leben, Werk, Wirkung,* Stuttgart u Weimar: J.B Metzler, 2000, S. 284.
[55] Ebd, S. 285.
[56] Ebd, S. 287.
[57] Ebd, S. 286.

In den ersten, dritten und fünften Strophen schafft anaphorische Wiederholung die Musikalität durch „mit": (‚Mit Handschuhen fasse ich diese Münze an, mit Ekel trete ich sie *unter* mich.', durch „stärkst": ‚du *stärkst* sie sonst, du stärkst sonst ihre *Tugend*...', und „schuldig": ‚Vor allen Tugendhaften will ich schuldig sein, schuldig heißen mit jeder großen Schuld! Vor allen Ruhms—Schalltrichten wird mein Ehrgeiz zum Wurm—, unter solchen gelüstet's mich, der *Niedrigste* zu sein...'). Zunächst gibt das lyrische Ich eine klare Erklärung, wie es den Ruhm abschätzt. Es will auch mit dem Ruhm gleichgesetzter Münze nicht berühren und weiter sagt es mit seiner ironischen Stimme, wie niedrig es vor Ruhm und Tugend fühlt. Ihm ist es geliebt, der „Niederrigste" zu sein. Alle Menschen, die den großen Ruhm haben, setzt das lyrische Ich mit „Wurm" gleich.

> „Symbol der Demut und Geringfügigkeit, der Vergänglichkeit und des verlorenen Seelensfriedens. In der christlichen Symbolik steht der Wurm als >kleinestes< aller Lebewesen für die Geringfügigkeit des Menschen vor dem Hintergrund der gesamten Schöpfung. (...) symbolisiert die Seelenqualen der Verdammnis."[58]

Die Enjambements wie (‚Diese Münze, mit der alle Welt bezahlt, *Ruhm*-', ‚Wer *feil* steht, greift mit fetten Händen nach diesem Allerwelts-Blechklingklang Ruhm!', ‚Solange die Welt lebt, zahlt sie Tugend-Gelapper mit Ruhm—Geklapper-', ‚Vor allen Tugendhaften will ich schuldig sein, schuldig heißen mit jeder großen Schuld!', ‚Vor allen Ruhms—Schalltrichten wird mein Ehrgeiz zum Wurm—, unter solchen gelüstet's mich, der *Niedrigste* zu sein...') erheben sich fast in jede Strophe und präsentieren in seiner erzählerischen Weise den Inhalt des Gedichtes. Dieser Teil des Gedichts endet mit der Wiederholung der ersten Strophe:

> Diese Münze, mit der
> alle Welt bezahlt,
> *Ruhm*—,
> mit Hanschuhen fasse ich diese Münze an,
> mit Ekel trete ich sie *unter* mich.[59]

---

[58]Butzer, Günter u. Jacob, Joachim: *Metzler Lexikon literarischer Symbole*, Stuttgart u Weimar: J.B Metzler, 2008, S. 430.
[59] Nietzsche, Friedrich: ‚Ruhm und Ewigkeit', in *Götzen-Dämmerung, Ecco Homo, Gedichte*, Bd. 77, Stuttgart: Alfred Kröner Velag, 1954, S. 549.

In dem zweiten Teil bezeichnen die Worten „Blechklingklang", „Geplapper", „Geklapper"
und „Ruhms-schaltrichten" den Lärm des Markts, wo der Mensch mit Ruhm bezahlt. Ganz
umgekehrt fängt der dritte Teil mit dem Wort ‚Still!' an, als ob man nur in der Stille über
große Dingen reden kann:

> „the relatively brief third section counters this discord with stillness. The poet promises to
> speak "in silence" of great things (Von großen Dingen) in his revaluative position as "the
> lowest" among the famous."[60]

Durch das Enjambement in den dritten und vierten Versen stellt das lyrische Ich die Frage, ob
man schweigen oder groß reden soll. Das Schweigen sybolisiert die starken Gefühle und in
weiterem Sinn die Gefühlbeherrschung und wird daher positiv bewertet:

> „Symbol starker Gefühle und Gefühlbeherrschung. Seit der Antike sind Schweigen und
> Verstummen literarische Mittel zur Darstellung der Intensität von Gefühlen wie Erstaunen,
> Zorn, Verachtung (das Schweigen des Aias, Homer, *Odyssee* XI, 563f.; Ps.-Longin, *vom
> Erhabenen* IX, 2), Trauer oder Liebe."[61]

Sehen und Sprechen sind die menschlichen Fähigkeiten, die auf die Entscheidungsfähigkeiten
hindeuten. Wenn das lyrische Ich „Von großen Dingen– ich *sehe* Großes!–„ spricht, betont
es, dass es die Bedeutung des Dinges betrachtet. Bei Zarathustra hat das Schweigen einen
großen Wert, da die großen Ereignisse in der Stille stattfinden. Nach Philip Grundlehner:

> „The greatest occurrences take place, Zarathustra explains, not under tumultuous
> circumstances but in quite moments ("unsere stillsten Stunden" [II, 386])."[62]

Das lyrisch Ich ruft seine „Weisheit" auf, groß zu reden. Sie weist auf Zarathustras
„Übermensch". In Vorrede von *Also sprach Zarathustra* spricht Zarathustra über seine
Entscheidung, das Gebirge zu verlassen, da ihm seine Weisheit *überdrussig* wird.[63] Der
Ausdruck „entzückte Weisheit" steht als eine Metapher für den entstandenen Übermenschen,
der in dem ersten Teil des Gedichts zu finden ist. In der Rede „Von höheren Menschen" des

---

[60] Grundlehner, Philip: *The Poetry of Friedrich Nietzsche*, New York u Oxford: Oxford, 1986, S. 272.
[61] Butzer, Günter u. Jacob, Joachim: *Metzler Lexikon literarischer Symbole*, Stuttgart uWeimar: J.B Metzler,
2008, S. 341.
[62] Grundlehner, Philip: *The Poetry of Friedrich Nietzsche*, New York u Oxford: Oxford, 1986, S. 272.
[63] Nietzsche, Friedrich: *Also sprach Zarathustra Ein Buch für alle und keinen,* Frankfurt a.M.: Insel
Taschenbuch, 2007, S. 11.

vierten Teils *Also sprach Zarathustra* spricht Zarathustra aus, dass Gott gestorben ist und der

Übermensch leben muss.

> „Wohlan! Wohlauf! Ihr höheren Menschen! Nun erst kreißt der Berg der Menschen-Zukunft.
> Gott starb: nun wollen wir – daß der Übermensch lebe."[64]

In dieser Rede spricht Zarathustra, wie der Mensch überwunden werden kann. Die

Darstellung der Blitze in der Rede kann mit der Szene „Zurathustras Fluch" verglichen

werden.

> „Meine Weisheit sammelt sich lange schon gleich einer Wolke, sie wird stiller und dunkler.
> So tut jede Weisheit, welche einst *Blitze* gebären soll. -
> Diesen Menschen von heute will ich nicht *Licht* sein, nicht Licht heissen. Die - will ich
> blenden: Blitz meiner Weisheit! stich ihnen die Augen aus!"[65]

Die zweite Strophe dieses Teils bezieht sich auf die Erkenntnis. Das lyrische Ich sieht hoch

und betrachtet, dass es dort die Erleuchtung gibt. Es ruft auf, dass es Nacht und Schweigen

und totenstiller Lärm hat. Die Nacht symbolisiert die Unwissenheit, Unheil und Böse, aber

sie symbolisiert auch die Befreiung und Offenbarung:

> „*Symbol des Verderbens, Unheils und des Bösen sowie des Unbewussten.* Die schwarze Nacht
> birgt Sorgen und Unheil. Auch in der Bibel birgt die Finsternis Schrecken und Unglück, und
> vor der Gleichsetzung von Gott und Licht symbolisiert die Nacht heilsgeschichtlich die
> Abwesenheit Gottes, gekennzeichnet durch Zweifel und Ängste sowie Böse."

> „Seit der Antike ist die Nacht Sinnbild der Befreiung des Menschen von Kümmernissen des
> Tages im Schlaf. In der christlichen Mystik entspricht der dunklen Nacht jener Zustand, in
> dem die Kontemplation in Ekstase umschlägt..."[66]

In diesem Teil haben die Nacht und das Schweigen keine negativen Konnotation. In der

Nacht wird ein Zeichen für die Zukunft gesehen. Die letzten zwei Verse dieses Teils holen

die Übertreibung ein, die mit dem Enjambement „aus fernsten Fernen sinkt langsam funkelnd

ein Sternbild gegen mich..." bestimmt. Hauptsächlich redet der Begriff „aus fernsten Fernen"

über die ewige Distanz. Diese ewige Distanz wirkt als eine Übertreibung, dass das lyrische

Ich nicht erreichen kann.

> „Just as the final chapter of *Zarathustra IV,* „The Sign" ("Das Zeichen"), anticipates new
> growth and far distances ("weite fernen" [II, 552]), so the Poet of "Ruhm und Ewigkeit"

---

[64] Ebd, S. 288.
[65] Ebd, S. 291.
[66] Butzer, Günter u. Jacob, Joachim: *Metzler Lexikon literarischer Symbole'*, Stuttgart u Weimar: J.B Metzler, 2008, S. 245.

glimpses a similar visionary "sign": "Ich sehe ein Zeichen⁻/ aus fernsten Fernen [II, 67-68]". It assures him a future far more profound than that found within the petty acclaim of the community."[67]

Nur in einem zwei strophigen Teil wird es dargeboten, wie das lyrische Ich sich (‚ich *sehe* Großes⁻', ‚Ich sehe hinauf⁻', ‚Ich sehe ein Zeichen⁻') seinem Ich-Sein hinwendet.

Der vierte Teil des Dithyrambus *Ruhm und Ewigkeit* kann als eine weitere Komposition des dritten Gedichts gehalten werden, da es die Bildhaftigkeit des Seins und der Ewigkeit anspricht. In diesem Teil des Gedichtes ist „Höchstes Gestirn des Seins" und „Ewiger Bildwerke Tafel" dem Schicksal gewidmet. Die Aussage „Höchstes Gestirn des Seins" legt Wert darauf, dass die Existenz eine heilige Gestalt hat. Das Wort ‚Du' ist die Existenz, mit der das lyrische Ich spricht.

> —daß du *ewig* bist!
> daß du *notwendig* bist!—[68]

Keiner außer dem lyrischen Ich kann diese „stumme Schönheit" der Existenz sehen. Das schildert es durch die rhetorische Fragen „*Du* kommst zu mir?⁻", „Was keiner erschaut hat, deine stumme Schönheit⁻" und „Wie? Sie flieht vor meinen Augen nicht?⁻". Die drei Aussagen ‚Höchstes Gestirn des Seins!', ‚Ewiger Bildwerke Tafel!' und ‚Schild der Notwendigkeit' wiederholen sich jeweils zweimal in diesem Teil. Die Anapher erhebt sich ab dem vierten Vers bis dem siebten Vers der zweiten Strophe, dadurch wendet sich das lyrische Ich an seinem Dasein, d.h, dass es ‚*ewig*' und ‚*notwendig*' ist. ‚Alle hassen' und ‚allein liebe' stellen die Besonderheit des Alleinstehens dar. In den letzten zwei Versen der zweiten Strophe wird durch das Enjambement die Liebe vom lyrischen Ich an dem Schicksal ausgedrückt.

> „meine Liebe entzündet

---

[67] Grundlehner, Philip: *The Poetry of Friedrich Nietzsche*, New York u Oxford: Oxford, 1986, S. 273.
[68] Nietzsche, Friedrich: ‚Ruhm und Ewigkeit', in *Götzen⁻Dämmerung, Ecco Homo, Gedichte*, Bd. 77, Stuttgart: Alfred Kröner Velag, 1954, S. 551.

sich ewig nur an der Notwendigkeit."[69]

Der Ausdruck „meine Liebe entzündet sich ewig nur an der Notwendigkeit" führt zu der

Auslegung, dass das Schicksal notwendig ist. Aber in dem Gedicht stellt das lyrische Ich

seine Vorstellung von *Amor fati* dar.

> In *Ecce Homo, amor fati* expresses the imperative: "not merely bear what is necessary, still
> less conceal it...but *love* it". And in same way "Ruhm und Ewigkeit" embraces the 'shield of
> destiny', Nietzsche's *The Gay Science* expresses *amor fati* as desire to comprehend "what is
> necessary in things as beautiful".[70]

Das lyrische Ich sagt „Ja" zum Schicksal, das heißt, dass es eigentlich gegen Schicksal steht.

Gleich wie die zweite Strophe ist die Anapher in der dritten Strophe (‚–das kein Wunsch

erreicht', ‚–das kein Nein befleckt', ewiges Ja des Seins, ewig bin ich dein Ja:)

hervorgerufen. Die Gesellschaft lebt mit der Angst vor Schicksal, aber das lyrische Ich

kämpft dagegen. Nach der Meinung der Masse existiert Schicksal, wie es ist oder sein wird.

Das Gestirn symbolisiert Zukunft und Unerreichbarkeit.

> „Symbol der Unzählbarkeit, des Ruhmes und der Zukunft bzw. Der zukünftigen Welt. In der
> antiken Tradition dient der Vergleich mit den Sternen nicht nur zur Darstellung in
> quantitativer Hinsicht, sondern kann auch die Darstellbarkeit in verschiedenen Medien
> reflektieren. Für die Zukunft bereits in Bibel auftauchende Symbolverwendung lässt sich eine
> Vielzahl von Belegen anführen, die über Dantes *Divina Commedia* bis zu Jean Pauls
> *Ausläuten oder Sieben Letzte Worte* reichen..."[71]

Für den Mensch steht Schicksal unerreichbar und es kann nicht verneint werden. Schicksal ist

ewig, dem kein Wunsch und Nein ändern können. Die Masse sagt Ja zu Schicksal, das heißt,

die Menschheit bejaht es vor Angst. Aber das lyrische Ich erhebt sich gegen Schicksal.

3.3 Struktur des Gedichts

Der achte Dithyrambus *Ruhm und Ewigkeit* ist in vier Teilen und 91 Versen gegliedert. In

dem ganzen Dithyrambus *Ruhm und Ewigkeit* gibt es kein Rheimschema. Außer den Wörtern

---

[69] Ebd.
[70] Grundlehner, Philip: *The Poetry of Friedrich Nietzsche*, New York u Oxford: Oxford, 1986, S. 273.
[71] Butzer, Günter u. Jacob, Joachim: *Metzler Lexikon literarischer Symbole*, Stuttgart uWeimar: J.B Metzler,
2008, S. 369.

‚Fluch' und ‚eins' ist kein Wort kursiv geschrieben. Die Wörter ‚langen', ‚schleicht', ‚Blitz',

‚Berge', ‚Zarathustra', ‚Fluch' werden in dem Gedicht wiederholt und damit erzählen sie den

Text nach seinen Motiven. Das Ritual von Zeichen deutet ein gewisses Spiel hin. Anhand der

rhetorischen Stilaussetzung kann es gesagt werden, dass die erste und dritte Strophe in dem

gleichen Stil geschrieben sind. Die erste und dritte Strophe enden mit dem Punkt und die

Verse sind die vollkommenen Sätze, deswegen wird es keinen offenen Raum zur

Interpretation gelassen. Dagegen ist es in den Endversen der zweiten und vierten Strophe die

Auslassungspunkte ‚Eingeweide...' und *flucht...*' geschafft, die die Möglichkeit zur

Interpretation geben. Der Aufbau der Strophen ist mit einander verbunden. In dem Gedicht

werden Fragezeichen, Geviertstrich, Doppelpunkt und die Auslassungspunkt benutzt. Die

siebte, neunte, dreizehnte und dreiundzwanzigste Verse beginnen oder enden mit dem

Geviertstrich. Damit gewinnen die Wörter ‚Lauerer—', ‚—dem Berge', ‚*Fluch—*',

‚Wahrheiten—' ihre gewisse Bedeutung. Mit dem Beispiel von ‚Lauerer—' kann es behauptet

werden, dass es hier über die Subjektivität von Warten besprochen wird. Der zwölfte Vers

endet mit dem Doppelpunkt, der die Aussage ‚gen Himmel aus dem Abgrund' betont. Das

Ausrufezeichen in dem neunzehnten und zwanzigsten Vers weist auf die vorwurfsvolle

Warnung hin, dass der Mensch sich verstecken soll, wenn er nicht den Mut hat.

Der zweite Teil des Dithyrambus *Ruhm und Ewigkeit* spricht den Titel des Dithyrambus an.

Es enthält vierunddreizig Zeilen und sechs Strophen. Die erste zwei Srophen haben jeweils

fünf Verse. Die dritten und vierten Strophen sind in sechs Versen und die fünfte Strophe in

sieben Versen gegliedert. Die erste Strophe wiederholt sich am Ende des zweiten Teils. Mit

der Wortwahl wird in dem Gedicht die Thematik von ‚Ruhm und Tugend' erschafft. Dieses

Gedicht hat kein traditionelles Reimschema und ist gleich wie *Letzter Wille* nach der

inhaltlichen Bedeutung in zwei Teilen aufgeteilt. Die dritten, vierten und fünften Strophen

enden mit der Auslassungspunkten. Mit den Auslassungspunkten betonen die Wörter

(‚*Tugend*...‘, ‚Lärm...‘, ‚sein...‘) die Interpretationsmöglichkeit. Die Geviertstriche, Fragezeichen, Ausrufezeichen spielen eine große Rolle. Die Fragen beginnen immer mit den kursiven Worten ‚*Wer* will bezahlt sein?‘ und ‚−*Willst* du sie kaufen?‘. Die Ausrufezeichen werden vier mal in diesem Teil eingesetzt und betonen die Endworten z. B ‚Schuld!‘.

Der dritte Teil des Dithyrambus ist in zwei Strophen und elf Versen gegliedert. Die Wörter (‚groß‘, ‚schweigen‘, ‚reden‘, ‚sehen‘) wiederholen sich immer. Nur ‚*sehe*‘ ist kursiv geschrieben. Es legt die Betonung darauf, dass das lyrische Ich nicht die ‚Dingen‘ betrachtet, sondern es schätzt die Größe, die diese Dinge erreicht haben. In der zweiten Strophe ist mit Wörtern ‚Lichtmeere‘, ‚o Nacht‘, ‚o Schweichen‘, ‚o totenstiller Lärm‘ und ‚Sternbild‘ eine nächtliche Umgebung ausgedrückt. Die Aussage ‚o totenstiller Lärm‘ steht als Oxymoron in dem Gedicht, da einerseits über ‚Stille‘ gesprochen wird, andererseits wird der Lärm betont. Das Wort ‚Sehen‘ kommt drei mal vor und wird mit dem Geviertstrich betont. Der Doppelpunkt steht als die Antwort für das Hinaufsehen in dem siebten Vers. Er liegt die Betonung auf die ‚Lichtmeere‘, die in der Nacht stehen. Dieses Zeichen wird ergänzt durch den Aufruf ‚o Nacht, o Schweigen, o totenstiller Lärm!.

Der vierte Teil ist in drei Strophen und zweiundzwanzig Verse gegliedert. Die erste Strophe stellt die rhetorische Frage ‚*Du* kommst zu mir?−‘an das ewige Sein. In dieser Frage steht ‚*Du*‘ in kursiv. Damit wird das ‚Schicksal‘ adressiert. Darüber hinaus liegt durch die Inversion der Form den Akzent auf ‚*Du*‘, da die Frage so beginnen sollte ‚Kommst *Du* zu mir?‘. Die dritte Strophe setzt den Ritual der Inversion fort, da in den dritten und vierten Versen der Strophe die Inversion ‚−das kein Wunsch erreicht‘ und ‚−das kein Nein befleckt‘ sich belegen lässt. Gramatisch hätten die Sätze so beginnen: ‚kein Wunsch erreicht es‘ und ‚kein Nein befleckt es‘. Die Wörter ‚*Du*‘, ‚*ich*‘, ‚*ewig*‘, ‚*notwendig*‘ und die Aussage ‚*denn ich liebe dich, o Ewigkeit!−*‘ sind kursiv geschrieben. Der Doppelpunkt wird in der zweiten Strophe zweimal und in der dritten Strophe einmal angewendet. In der zweiten Strophe deutet er das Faktum *Amor fati* an. In der letzten Strophe weist das lyrische Ich auf den ewigen Kampf hin.

KAPITEL 4

SCHLUSS

4.1 Die Position von *Letzer Wille* und *Ruhm und Ewigkeit* in zyklischer Komposition

Der Dithyrambus *Letzter Wille* hat die dritte Position in dem Zyklus *Dionysos-Dithyramben* und der Dithyrambus *Ruhm und Ewigkeit* steht an der achten Stelle. In den beiden Texten kommen Nietzches Motive wie Übermensch, Lebensbejahung, Dionysius und *Amor fati* vor, die die zwei Dithyramben mit dem Mittelpunkt des Zyklus verknüpfen. Die Beziehung mit dem Mittelpunkt weist auf die geometrische Metapher des Zyklus hin.

Der Freund in *Letzter Wille* wird als Übermensch präsentiert. Seine Wahrheit ist nicht allgemein bekannt und er erkennt sie in dem Prozess der Überwindung. Nach dem Prozess der Überwindung erscheint der Übermensch. Der Mensch ist nur dann als Mensch gekennzeichnet, wenn er sich überwindet.

> „Falls sie bisher den Übermenschen als einen Schaffenden verstanden haben, müssen sie auf diesem Wege weitergehen. Andersfalls sind sie nur Tiere und verlieren dadurch die Dimension der Eigentlichkeit, die in dem unablässigen Überwinden des Menschen besteht. Ohne dieses ständige Überwinden, das mit einem Schaffen gleichzusetzen ist, wird der Mensch zum Affen."[72]

In *Also sprach Zarathustra* I spricht Zarathustra über Nächstenliebe, Das heißt, dass der Übermensch wie die nächste Zukunft geliebt werden soll.[73] Zarathustra spricht auch von dem freien Tod in *Also sprach Zarathustra* I, dass der Mensch sterben lernen soll. Zarathustra

---

[72] Ottmann, Hennig: *Nietzsche- Handbuch: Leben, Werk, Wirkung,* Stuttgart, Weimar: J.B Metzler, 2000, S. 342.
[73] Nietzsche, Friedrich: *Also sprach Zarathustra Ein Buch für alle und keinen,* Frankfurt a.M.: Insel Taschenbuch, 2007, S. 64.

lehrt das rechtzeitige Sterben.[74] Nach Zarathustra ist der Tod kein Ende, sondern ist er eine

neue Geburt, die vor ganzen Welt scheint.

> „In eurem Sterben soll noch euer Geist und eure Tugend glühn, gleich einem Abendroth um
> die Erde: oder aber das Sterben ist euch schlecht gerathen."[75]

4.2 Das dionysische Motiv

In beiden Gedichten wird das Dionysische hervorgerufen. Das dionysische Motiv erscheint,

wenn Zarathustra selbst als „Dionysos" entwickelt. Zarathustra feiert den Übermensch. Das

Tanzmotiv in *Letzter Wille* kann als die dionysiche Kunst verstanden werden. Der Held in der

Schlacht ist mit dem Tänzer verglichen, da er die Schlacht feiert. Der Held wird als

„Dionysos" characterisiert. Der Held trägt die dionysische Maske und kommt als der

tragische Held „Prometheus" vor, dass der Held mit seinem Tod den heroischen Drang

darstellt.

> „Wie sich in der Tragödie als apollinisch-dionysischem Kunstwerk der >>tragische Mythos<<
> kundgibt, schildert N. exemplarisch an dem *Oedipous* des Sophokles und dem *Prometheus* des
> (Ps.-) Aschylos: als >>Glorie des Passivität<< und >>Glorie der Aktivität << weisen sie
> gemeinsam auf Schrecken wie Notwendigkeit des Frevels für den Menschen. In dem gemäß
> der Ursprungstheorie alle tragischen Helden als >>Masken<< des Dionysos gedeutet
> werden..."[76]

Der Freund in *Letzter Wille* lehrt auch die Selbstüberwindung. Das dionysische Motiv wird

auch in *Zarathustra* IV geschildert, als Zarathustra selbst als Tänzer vorkommt. Zarathustra

feiert den Übermenschen mit dem Tanz.

> „Zarathustra der Tänzer, Zarathustra der Leichte, der mit den Flügeln winkt, ein Flugbereiter,
> allen Vögeln zuwinkend, bereit und fertig, ein Selig-Leichtfertiger:-"[77]

In *Ruhm und Ewigkeit* erscheint Zarathustra mit den dionysian Merkmalen. Der dionysische

Rausch wird durch die Zerstörung geschildert.

---

[74] Ebd, S. 74.
[75] Ebd, S. 76.
[76] Ottmann, Hennig: *Nietzsche-Handbuch: Leben, Werk, Wirkung,* Stuttgart, Weimar: J.B Metzler, 2000, S. 368.
[77] Nietzsche, Friedrich: *Also sprach Zarathustra Ein Buch für alle und keinen,* Frankfurt a.M.: Insel
Taschenbuch, 2007, S. 297.

„...für Nietzsche ist das Dionysische die schöpferische und zugleich selbstzerstörende Kraft des natürlichen Lebens: „die ewige Lust des Werdens selbst zu sein, --jene Lust, die auch noch die Lust am Vernichten in sich schließt", der wonnevolle Rausch, in dem der Grund des individuellen Seins zerbricht und sich zur völligen Selbstvergessenheit steigert."[78]

Die Ideen „schwefelgelbe Wahrheiten" und „Ruhm und Tugend" weisen auf Nietzsches Kritik des Christentums hin. Nietzsche sieht das dionysische Bild in dem Übermenschen, der die neue Wahrheit ankündet. Die Welt hat Angst vor dem Schicksal, aber das lyrische Ich feiert seine Liebe für das Schicksal. Die Liebe für die Ewigkeit zeichnet den Gedanken der ewigen Wiederkunft auf, dass jeder Moment eine neue Bedeutung trägt.

„Die Lehre von der ewigen Wiederkunft behauptet, daß alles schon einmal gewesen ist, aber in jedem Moment trotzdem neues entsteht, daß jeder Moment neu und unverbraucht ist, unschuldig ist."[79]

4.3 Nietzsche als Dichter

Das poetologische Element ist sehr dominant in Nietzsches Schriften. Die Zusammenstellung von Philosophie und Literatur verweist auf seine Liebe für die Aphorismen. Nietzsches Aphorismen sind seine Form der poetischen Kunst, die seine Philosophie ausdrücken und seine Dichtung und Philosophie versprechen einander zu erfüllen.

Nietzsches Sprachkritik wird durch die Struktur der Gedichten und die Verwendung der Rhetorik dargestellt.

„Die Sprachkritik und die Poetik Nietzsches begegnen sich fortan in ihrer Selbstbezüglichkeit. So entfaltet Nietzsches Metaphern ihre poetisch-philosophische Kraft zwischen der metaphorologischen Selbstreflexion ihres sprachkritischen und der metaphorischen Potenzierung ihres sprachschöpferischen Moments."[80]

Nietzsche als Dichter begegnet in diesen Gedichten Nietzsche als Philosoph.Nietzsche zeichnet Zarathustra als Dichter und Philosoph in seinen Schriften.

---

[78] Baemer, Max L., *Die romantische Epiphanie des Dionysos,* University of Wisconsin Press, Available from: http://www.jstor.org/stable/30156352, 1965, 26 February 2013, 03: 42 PM.
[79] Ottmann, Hennig: *Nietzsche-Handbuch: Leben, Werk, Wirkung,* Stuttgart, Weimar: J.B Metzler, 2000, S. 222.
[80] Ebd, S. 302.

Literaturverzeichnis

Primärliteratur

Nietzsche, Friedrich W., *Götzendämmerung, Der Antichrist, Ecco Homo, Gedichte.* Bd. 77 Stuttgart: Alfred Kröner Verlag, 1954.

Nietzsche, Friedrich, *Also sprach Zarathustra Ein Buch für alle und keinen,* Frankfurt a.m.: Insel Taschenbuch, 2007.

Sekundärliteratur

Allemann, Beda, „Nietzsche und die Dichtung" in Hans Steffen (Hrsg.): *Nietzsche Werk und Wirkungen,* Göttingen, Vandenhoeck & Ruprecht Verlag, 1974, S. 45-64.

Baemer, Max L., "Die romantische Epiphanie des Dionysos", *Monatshefte,* Vol. 57, No. 5 (Oct.,1965), S.225-236.

Bompiani, Valentino, „Dionysos-Dithyramben" in *Kindler Literatur Lexikon Werke Chi-Dz,* Bd. III, Zürich, München: Kindler, 1970, S. 2698-2699.

Braungart, Wolfgang, „Zur Poetik literarischer Zyklen: Zyklische Kompositionsformen in Georg Trakl Dichtung" in Károly Csúri (Hrsg.): *Zyklische Kompositionsformen in Georg Trakls Dichtung,* Tübingen: Niemeyer, 1996, S. 1-27.

Butzer, Günter/ Jacob, Joachim, *Metzler Lexikon literarischer Symbole,* Stuttgart, Weimar: J.B Metzler, 2008.

Duhamel, Roland, *Nietzsches Zarathustra, Mystiker des Nihilismus Eine Interpretation von Friedrich Nietzsches Also sprach Zarathustra ein Buch für Alle und Keinen,* Würzburg: Königshausen und Neumann, 1991.

Fisher, David F., „Nietzsches Dionysian Masks", *Historical Reflections / Réflexions Historiques Nietzsche: Voices, Masks, and Histories,* Vol. 21, No. 3 (Fall 1995), S. 515-536.

Gebhard, Walter, „Nietzsche und die poetische Metapher" in *Friedrich Nietzsche, Perspektivität und Tiefe: Bayreuther Nietzsche-Kolloquium,* Frankfurt a. M., Bern: Verlag Peter Lang, 1980, S. 87-120.

Groddeck, Wolfram, *Die Dionysos-Dithyramben: Bedeutung und Entstehung von Nietzsches letztem Werk, Band 2,* Berlin, New York: de Gruyter, 1991.

Grundlehner, Philip, *The Poetry of Friedrich Nietzsche,* New York, Oxford: Oxford University Press, 1986.

Heller, Erich, "Nietzsche in the Waste Land" in *The Poet's Self and the Poem: Essays on Goethe, Nietzsche, Rilke and Thomas Mann,* London: The Athlone Press, 1976.

Kaufmann, Walter, „Overman and Eternal Recurrence" in *Nietzsche Philosopher, Psychologist, Antichrist,* 4th Ed, Princeton, London: Princeton University Press, 1974, S. 307-333.

Köhler, Joachim, *Zarathustras Geheihmnis Friedrich Neitzsche und seine verschlüsselte Botschaft,* Nördlingen: Greno Verlag, 1989.

Nietzsche, Friedrich, *Also sprach Zarathustra Ein Buch für alle und keinen,* Frankfurt a.M.: Insel Taschenbuch, 2007.

Ottmann, Hennig, *Nietzsche Handbuch: Leben, Werk, Wirkung,* Stuttgart, Weimar: J.B Metzler, 2000.

Pearson, Keith Ansell., *A Companion to Nietzsche,* Oxford, West Sussex: Blackwell Publishing, 2009.

Pearson, Keith Ansell/ Large, Duncan, *The Nietzsche Reader*, Oxford, Blackwell Publishing, 2006.

Schaberg, William H., *The Nietzsche canon: A publication history and bibliography,* London, Chicago: The University of Chicago Press, 1995.

Schweikle, Günther/ Schweikle, Irmgard, „Zyklus" in *Metzler Lexikon Literatur: Begriffe und Definitionen*, Stuttgart, Weimar: J.B Metzler, 2007, S. 844.

Theierl, Herbert, *Nietzsche: Mystik als Selbsversuch,* Würzburg: Verlag Königshausen & Neumann, 2000.

Weimar, Klaus, *Reallexikon der deutschen Literaturwissenschaft*, Berlin, New York: Walter de Gruyter, 1997, S. 382-386.